Palma

lieben lernen

Der perfekte Reiseführer für einen unvergesslichen Aufenthalt auf Palma de Mallorca inkl. Insider-Tipps, Tipps zum Geldsparen und Packliste

Bianca Theile

Alle Ratschläge in diesem Buch wurden sorgfältig erwogen und geprüft. Eine Garantie kann dennoch nicht übernommen werden. Eine Haftung für jegliche Personen-, Sach- und Vermögensschäden ist daher ausgeschlossen. Die Benutzung dieses Buches und die Umsetzung der darin enthaltenen Informationen erfolgt ausdrücklich auf eigenes Risiko.

✈ INHALT

Das erwartet Sie in diesem Buch

Die lebendige Inselhauptstadt Palma umarmt ihre Bewohner und Besucher jeden Tag aufs Neue und ist ein sonnenverwöhnter Hot Spot, den Sie unbedingt erkunden sollten. Mit ihren charmanten engen Gassen, dem historischen Stadtkern, prachtvollen Bauten, traumhaften Stränden sowie den kulinarischen Märkten und wunderschönen Parks mit Orangenbäumen bietet Palma alles, was einen unvergesslichen Aufenthalt ausmacht. Die Mischung aus internationalem Spirit, mallorquinischer Lässigkeit, mediterraner Lebensart und kulturellen Einflüssen aus der gesamten Welt machen die Balearische Inselschönheit zu einem beliebten Ausflugsziel sowie zu einer kleinen Metropole, die einen nichts missen lässt.

Die Perle im Mittelmeer ist angesagt wie eh und je und gibt die Möglichkeit, die Seele baumeln zu lassen. Der entspannte Inselvibe steckt an und zieht Gäste und Touristen mit einer Vielzahl an Freizeitmöglichkeiten nach draußen. Palma bietet so viel mehr als die bekannten Partyklischees um Ballermann, Sangria und S'Arenal. Der kulturelle Reichtum und die hohe Anzahl an Galerien und Museen macht die Stadt zu einem wichtigen Zentrum der Kunst. Hier mischt sich spanisches Lebensgefühl mit internationalem Flair.

Doch auch das mallorquinische Umland wartet mit malerischer Natur samt traumhafter Buchten und paradiesischen Berglandschaften. Abseits der Touristenhochburgen gibt es wunderschöne Oasen, in denen Sie in das echte mallorquinische Dorfleben eintauchen können. So kommen Stadtliebhaber und Ruhesuchende voll auf ihre Kosten. Besonders in den Sommermonaten können Sie das lebendige

Treiben beobachten, das die Stadt mit einer Vielzahl an Touristen erlebt, doch Palma ist zu jeder Jahreszeit eine Reise wert. Lassen Sie sich also auf einen Genießertrip in eine Stadt ein, die mit kulturellen Schätzen, Kunst und Genuss überzeugt und ein bewegter Lebensmittelpunkt der Insulaner ist. Entdecken Sie den besonderen Lifestyle Palmas mit einem der schönsten Stadtkerne Europas.

Geschichte Palmas

Palma und die Mallorquiner sind tief mit ihrer Geschichte verwurzelt. Das Stadtbild ist sehr durch die besondere Mischung aus spanisch-katalanischen und arabischen Einflüssen geprägt.

Mallorca wurde 123 v. Chr. von den Römern besetzt, die mit dem Olivenanbau begannen sowie den Ackerbau und die Infrastruktur förderten. Unter ihnen wurden unter anderem die Städte Pollenca und Palmeria gegründet. Von ihr leitet sich der heutige Name Palma ab. Um 534 n. Chr. stand die Insel unter der Herrschaft des byzantinischen Königreichs, die dem Christentum sehr zugewandt war und somit zahlreiche Kirchen bauen ließ. Diese können auch heute noch in vielen Teilen Mallorcas bestaunt werden. Nach dem Untergang des Weströmischen Reiches im 4. Jahrhundert setzte der Niedergang der Stadt Palma ein, der erst mit der Eroberung der Araber um 902 gestoppt wurde.

Sie bauten in Palma eine arabisch-islamische Kultur auf und sorgten für die Entwicklung der Bewässerungsanlagen und des Terrassenanbaus. So wurden Mandel- und Orangenbäume auf die Insel gebracht. Die Hauptstadt Palma wurde von ihnen in Medina Mayurka umbenannt und Paläste gebaut, unter anderem der Königspalast La Almudaina. Um das Jahr 1114 kamen die Katalanen und beanspruchten Palma für sich. Das war aber nur von sehr kurzer Dauer, denn 1203 veränderten sich die Machtverhältnisse wieder. Die Balearen fielen unter die Herrschaft der Almohaden, die den christlichen Glauben gänzlich unterdrückten.

Im Jahre 1229 machte sich eine Flotte auf Befehl von König Jaume I auf den Weg nach Mallorca und landete zunächst bei Santa Ponca. Nach einer monatelangen Besetzung und vielen Kämpfen eroberten sie schließlich in der Silvesternacht 1229 Palma. Jedes Jahr am 31. Dezember findet das Fest der Fahnen statt, das zu Ehren des König Jaume I gefeiert wird. Nach dessen Tod im Jahr 1276 herrschte sein Sohn Jaume II weiter. Er verhalf der Insel zu blühendem Wohlstand. Nach Aussterben der Herrscherlinie wurde Mallorca nach zahlreichen Schlachten vom Königreich Aragon übernommen.

Die Aragonier errichteten die Kathedrale und bauten die Stadt aus, sodass im 16. Jahrhundert knapp 40.000 Einwohner in Palma gezählt wurden. Ende des 15. Jahrhunderts kam es auf Mallorca zu vermehrten Piratenüberfällen, die erst endeten, als Frankreich Algerien zu seiner Kolonie machte.

Mallorca wurde später in die Herrschermacht von Aragon mit aufgenommen und zählt seitdem zu Spanien, zu dem es bis heute gehört. Im 14. Jahrhundert brachte König Philipp II die spanische Monarchie zusammen und Palma wurde schließlich zur Hauptstadt ernannt.

Ein erneuter Aufschwung setzte zu Beginn des 20. Jahrhunderts ein, als viele Bauwerke im Stil des Modernismus entstanden. Nach dem Zweiten Weltkrieg um 1950 begann der Massentourismus auf

Mallorca, der der Stadt seitdem eine gute Wirtschaftsgrundlage bietet. Mit dem Tod Francos endete 1975 die Diktatur Spaniens und unter König Juan Carlos wurde mit dem Aufbau einer parlamentarischen Demokratie begonnen.

Lage

Im Westen Mallorcas erstreckt sich Palma entlang der gleichnamigen Bucht an der Küste des Mittelmeeres. Von Magaluf im Westen bis nach S'Arenal im Osten sind es insgesamt 30 Kilometer. In der Inselhauptstadt leben mit etwa 420.000 Einwohnern mehr als die Hälfte der Einwohner Mallorcas, die die City zu einem kulturellen und geschäftlichen Treffpunkt machen. Nordwestlich der Stadt liegt das eindrucksvolle Serra de Tramuntana-Gebirge, das seit 2011 UNESCO-Weltkulturerbe ist.

Nordöstlich befinden sich einige kleinere Hügel, die Palma von der zentralen Ebene Mallorcas trennen. Nach Osten verläuft der Sandstrand Platja de Palma über zehn Kilometer nach S'Arenal. Westlich befindet sich die wunderschöne Bucht von Cala Major.

Die historische Altstadt bildet das Zentrum der Stadt innerhalb der 1902 abgebrochenen Stadtbefestigung. Der Verlauf wird heute von Palmas Ringstraße nachgezogen. Dem folgt ein dicht bebautes Gebiet, das besonders den im Südwesten gelegenen Hafen umfasst und von der Autobahn gänzlich umschlossen wird. Aufgrund der sehr günstigen Lage im Mittelmeer herrscht das ganze Jahr über ein wundervolles Klima mit einer Durchschnittstemperatur von milden 18 Grad. Palma ist von allen europäischen Hauptstädten sehr leicht zu erreichen und kann einen gut angebundenen Luft- und Seeweg vorweisen.

Das umfangreiche Angebot erstklassiger Hotels macht die Stadt zu einem Magnet und perfekten Reiseziel für den Stadttourismus.

Palmas Stadtteile

LA LONJA

Einstiges Handelsviertel hat sich La Lonja zu einem der beliebtesten Stadtteile entwickelt. Seinen Namen hat das Viertel nach der Handelsbörse – La Lonja - bekommen, ein eindrucksvolles gotisches Bauwerk. Ein Gebäude, in dem ehemals Waren unter Händlern ausgetauscht wurden, erweist sich auch heute noch von großem Interesse.

Es wird für Ausstellungen benutzt und ist der Mittelpunkt des Viertels, in dem man sich auf einen Kaffee oder zu einem guten Essen trifft. Erleben Sie die Ruhe am Vormittag, spazieren Sie durch schmale Gassen und tauchen Sie abends in ein angesagtes Nachtleben ein. Planen Sie auf der nächtlichen Roúte einen Besuch in der Abaco Cocktailbar ein, die mit klassischer Musik und jeder Menge aufgetürmtem Obst und Blumendekorationen ein richtiger Kultstatus-Hingucker in Palma ist. Ein wunderbarer Teil Palmas, in dem sich viele Geschmäcker wiederfinden.

SANTA CATALINA

Die wohl coolste und angesagteste Gegend von Palma. An Santa Catalina kommt kein Besucher vorbei. Das ehemalige Fischer-Viertel erstrahlt heute in einem farbenfrohen Glanz und ist ein wahrer Anziehungsort für Kreative, Künstler und Genießer. Einst verwahrlost und heruntergekommen, genoss es in den siebziger Jahren einen eher schlechten Ruf, doch davon spürt man heutzutage absolut nichts mehr.

Der bunte dörfliche Charme mit lebendigem Großstadt-Flair bietet einen abwechslungsreichen Mix der Kulturen und macht Santa Catalina zu einer der hippsten Stadtteile der Inselhauptstadt. Hier stehen alte Windmühlen neben farbigen Wohnblöcken und kreieren zusammen ein ganz besonderes Ambiente.

Ein Besuch in der Mercat de Santa Catalina, eine der beiden großen Markthallen Palmas, ist ein absolutes Must Do. Das reiche Angebot von Fisch, Fleisch, Gemüse und Obst ist für Food-Liebhaber ein genussvolles Schlemmer-Paradies. Zahlreiche Bars und Restaurants laden auch zu späterer Stunde zum gemütlichen und ausgelassenen Beisammensein ein. Entdecken Sie ausgefallene Inselspezialitäten, Kunsthandwerke und trendige Vintage Shops in diesem lebhaften Viertel.

EL BORNE

Ein besonderer Stadtteil Palmas, der Mode und Genuss vereint. Die Shopping-Meile der Stadt mit Modemarken wie Hugo Boss, Carolina Herrera und Louis Vuitton lädt zu einem exquisiten Shopping-Trip ein, aber auch Labels wie Mango, Zara und H&M sind hier zu finden und bieten für jeden Geldbeutel ein tolles Erlebnis.

Bummeln Sie auf einer der meistbesuchten Straßen entlang, dem Passeig des Borne, und bestaunen Sie die grandiose Atmosphäre inmitten großer Bäume und wunderschöner Alleen. Die Prachtstraße verläuft über in die Av. Jaime III und das kleine Viertel San Nicolás, in dem sich auch die gleichnamige Kirche befindet. Hier finden Sie zahlreiche Restaurants, lokale und internationale Geschäfte und gemütliche Cafés. Auch Kunstliebhaber kommen auf ihre Kosten und genießen eine Auswahl interessanter Kunstgalerien.

SA CALATRAVA

Eine imposante Gegend mit beeindruckenden Bauwerken. Das Wahrzeichen La Seu, die Kathedrale, wird vom Calatrava-Viertel eingeschlossen. Das Viertel besticht durch historische Gärten, wunderschöne Kirchen und enge Gassen. Verlieren Sie sich in der Architektur der alten Zeit und genießen Sie dabei den Ausblick auf das blaue Meer. Zahlreiche Restaurants, Boutiquen und Designerhotels prägen mittlerweile das Bild Sa Calatravas und so macht es sich immer beliebter bei jungen Menschen. Das teure Wohnviertel am Parc de la Mar zählt zu den exklusivsten Wohnadressen der Stadt. Dort befinden sich Luxuswohnungen mit Blick auf das Meer und dem schönen Stadtstrand.

SANT FRANCESC

Im Altstadtviertel Sant Francesc befindet sich der Rathausplatz, der Placa Cort, mit einem der besten Altstadthotels, dem Hotel Cort. Auf der angrenzenden Carrer Colón flaniert man durch edle Boutiquen, vorbei an Stadtwohnungen in alten Stadtpalästen und kleinen Delikatessengeschäften. Allein um die Kirche Santa Eulália laden zahlreiche Cafés zu einer kleinen Pause ein, um in das besondere Ambiente der Gegend in Ruhe einzutauchen. Blicken Sie bis hin zum Can Forteza-Rey, ein Bauwerk im katalanischen Modernisme-Stil. Es ist ein wunderschönes Highlight des Placa Major.

SINDICAT

Rund um den Placa Major erstreckt sich das historische Viertel Sindicat. Auch hier gibt es eine Vielzahl an Cafés und Geschäften, die auf eine lange Händlertradition zurückschauen. Marktstände mit altem Kunsthandwerk, Lederwaren und mundgeblasenen Gläsern tummeln sich auf dem beliebten Platz und geben Einblick in die reiche Kulturgeschichte Palmas. Das Fundación de Juan March, das Museum für moderne Kunst, und die Flaniermeile La Rambla mit großen Platanen befinden sich ebenfalls in diesem tollen Teil der Stadt, der definitiv einen Besuch wert ist.

SA GERRERIA

Ein szeniges Viertel zwischen der Carrer Sindicat und den Avenidas, das in den Abendstunden so richtig erwacht. In Sa Gerreria reihen sich unzählige Bars, Tapas-Lokale und Restaurants aneinander und machen aus dem früheren Rotlichtviertel eine angesagte Ausgehmeile. Tagsüber lässt sich vor allem der besondere Charme aus glanzvollen Häuserfassaden und abbröckelnden Fensterbögen beobachten. Das Viertel erfindet sich immer wieder neu - so schnell wie Lokale eröffnen, schließen sie auch wieder. Wer also auf Kneipen-Hopping steht, wird in Sa Gerreria seinen Spaß haben.

EL TERRENO

Steile Straßen, Luxusvillen und farbenprächtige Häuser – so lässt sich dieses Viertel Palmas wohl am besten beschreiben. Im gehobeneren El Terreno befindet sich das kreisrunde Castell de Bellver, dessen Aufstieg durch ein bezauberndes Wohnviertel aus wunderschönen Gärten und verwinkelten Straßen führt. Der wunderbare Blick auf das Meer und den Hafen, den Paseo Maritimo, sollten Sie sich nicht entgehen lassen. Flanieren Sie durch die Gegend voller Traumhäuser und gönnen Sie sich einen Drink im naheliegenden Yachtclub.

Das macht die Stadt so besonders

LA SEU

Die Kathedrale der Heiligen Maria ist das bedeutendste Wahrzeichen der Stadt und eines der schönsten gotischen Bauwerke der Welt. Sie wurde um 1300 erbaut und ist mit ihren 6.600 Quadratmetern heutiger Bischofssitz und absolute Touristenattraktion. Die imposante Kathedrale begrüßt Palmas Gäste zusammen mit dem nebenstehenden Almu-daina-Palast schon von Weitem. Mehr als 700 Jahre waren für die Errichtung dieses Prachtwerkes notwendig. Die letzten Arbeiten an dem Wahrzeichen wurden 1904 vom

Künstler Gaudi abgeschlossen. Die Keramikverklei-
dung der Kapelle übernahm der mallorquinische
Künstler Miquel Barceló. Mit ihren riesigen Rund-
fenstern, die einen Durchmesser von zwölf Metern
haben, wird sie auch Kathedrale des Lichts genannt.
Die größte gotische Fensterrose umfasst insgesamt
1.200 Glasstücke und ist ein absolutes Kunstwerk.
Der Blick in die Höhe, die detaillierten Figuren der
Kirchengeschichte und die wunderschönen Renais-
sance-Highlights versetzen jeden Besucher ins Staunen. Die Aussichtsplattform verwöhnt mit einem
einmaligen Blick über die großzügige Wasserprome-
nade.

Tipp: Da die Kathedrale ein sehr beliebtes Ausflugsziel ist, wird es auch sehr schnell sehr voll bei einem
Besuch. Wenn Sie es also etwas ruhiger und be-
schaulicher bei einem Abstecher haben möchten,
kommen Sie am besten direkt morgens um 10 Uhr
und genießen die wunderbare Vormittagssonne und
einen atemberaubenden Lichteinfall durch die bunten Fenster.

Eintritt: 7 Euro

Adresse: Placa de la Seu, Palma

Öffnungszeiten: Montag bis Freitag 1.April bis 31. Mai/Oktober: von 10:00 bis 17:15 Uhr, 1. Juni bis 30. September von 10:00 bis 18:15 Uhr, 2. November bis 31. März von 10:00 bis 15:15 Uhr, Samstag und Feiertag von 10:00 bis 14:15 Uhr

DER HAFEN

Der Port de Palma ist der bedeutendste Hafen der Balearen. Er beginnt unter dem wunderschönen Almudaina-Palast und ist in mehrere Abschnitte eingeteilt, in denen viele Yachten, Schiffe und Segelboote bestaunt werden können. Im östlichsten Teil liegt der Fischereihafen, der einen traumhaften Blick auf die Kathedrale bietet. Hier können Sie in den frühen Morgenstunden Fischer beim Fischverkauf beobachten. Daneben befindet sich der Club Nautico, in dem große Sportboote und teure Yachten anlegen. Im dritten Abschnitt liegt der Hauptbahnhof des Hafens, von dem aus die Passagierschiffe zu den Nachbarinseln und zum Festland aufbrechen. Tägliche Ausflüge nach Ibiza, Menorca, Barcelona und

Valencia können von hier aus angetreten werden. Die mit Palmen umrahmte Hafenpromenade, die Paseo Maritmo, lädt zu einem herrlichen Spaziergang ein. In der Bar Darsena und Port Pesquer können Sie bei einem kühlen Drink direkt am Wasser dem lebhaften Treiben im Hafen zusehen.

Adresse: Estacio Maritima 3

LA ALMUDAINA

Direkt neben der Kathedrale steht der geschichtsträchtige Almudaina-Palast - der Königspalast. Ebenfalls im 13. Jahrhundert errichtet, ist er ein sehenswertes Architektur-Highlight im Stadtkern Palmas. Hier sind die Spuren der Maurer gut zu erkennen. Einst arabische Festungsmauer, ist der Palast heute der offizielle Regierungssitz der spanischen Königsfamilie. Mit seinem gotischen Salon und dem prunkvollen Innenhof lockt er zahlreiche Besucher an und ist eine tolle Foto-Kulisse. Vom wunderschönen Arkadenbalkon haben Sie einen atemberaubenden Blick auf die Bucht von Palma. In der Palastkapelle Santa Ana ist die Skulptur der Santa Parexedes, der Schutzheiligen Mallorcas, ausgestellt, ein sagenhaftes Werk von Huguet Barxa. Die Einrichtung des klassisch-gotischen Bauwerks besteht aus Möbeln und Gemälden der verschiedenen Geschichtsetappen mit großartigen Wandteppichen.

Eintritt: 9 Euro, 4 Euro ermäßigt
Adresse: Carrer del Palau Reial, Palma
Öffnungszeiten: Dienstag bis Sonntag,
April bis September 10:00 bis 20:00 Uhr,
Oktober bis März 15:00 bis 18:00 Uhr,
Montag geschlossen

Kleiner Tipp: Bei Vorlage eines gültigen Ausweises ist der Eintritt für EU-Bürger von 17:00 bis 20:00 Uhr kostenlos (April bis September).

PLACA MAJOR

Der zentralste und einer der belebtesten Plätze Palmas ist der große Placa Major. Er ist von Häusern mit sonnengelb-gestrichenen Fassaden eingerahmt, die mit einem breiten Café- und Restaurantangebot zum Verweilen einladen. Hier tummeln sich Marktstände, Kunstgewerbe und Straßenmusiker und machen diesen Platz zu einem großartigen Erlebnis. Der

Hauptplatz der Altstadt ist wunderbar zu erreichen, am Ende der Einkaufsstraßen ist er nicht zu verfehlen. Der Placa Major ist ein Treffpunkt vieler Touristen und Locals. Wer nach einem Urlaubssouvenir sucht, wird hier auf jeden Fall fündig.

RATHAUS

Das Ayuntamiento de Palma ist ein wunderschönes Herrenhaus im mallorquinischen Stil, das im 17. Jahrhundert erbaut wurde. Das Gebäude steht am Placa de Cort, ist ein echter Blickfang und Sightseeing-Magnet. Die Außenfassade ist mit einer großen Uhr versehen, die auch als En Figuera auf der Insel bekannt ist. In den prachtvollen Innenräumen der Stadtverwaltung befindet sich die Staatsbibliothek und das Geschichtsarchiv Mallorcas.

Adresse: Placa de Cort 1
Öffnungszeiten: Montag bis Freitag von 8:30 bis 14:00 Uhr

MERCAT DE L'OLIVAR

Palmas größte Markthalle besteht seit 1951 und vereint buntes Treiben, viele Farben und exotische Gerüche. Palma ist der Hauptumschlagplatz für Waren auf der gesamten Insel und dieses reiche Angebot spürt man auf einer kulinarischen Erlebnisreise durch die Halle. Die Üppigkeit der spanischen Gärten spiegelt sich hier deutlich wider. Sonnengereifte Früchte, knackiges Gemüse, zahlreiche Gewürzstände mit einer erlesenen Auswahl an weltweiten Gewürzen, frische Meeresfrüchte und außergewöhnliche Fischsorten - Nüsse, Mandeln, Feigen und alles, was fester Bestandteil der traditionellen Küche bildet. Käse- und Wurststände sowie Einkaufsgalerien runden das Food-Shopping-Erlebnis ab und laden zum ausgiebigen Schlendern ein. Die mallorquinische Languste und die kleinen Entenmuscheln, die percebes, sind echte Einheimische und sehr zu empfehlen. An den Delikatessen-Ständen können Sie verweilen, herzhaft schlemmen und ein Glas Champagner oder spanischen Rosé trinken. Das Mercat ist auch ein beliebter Treffpunkt, um in den Sommermonaten vor der Hitze zu fliehen.

Öffnungszeiten: Montag bis Freitag von 7:00 bis 14:30 Uhr, Samstag von 7:00 bis 15:00 Uhr
Adresse: Placa de l'Olivar 4

CASTELL DE BELLVER

Die Burg Bellver liegt knapp drei Kilometer vom Stadtzentrum entfernt und befindet sich westlich des Hafens im gehobeneren Stadtteil El Terreno. Das architektonische Meisterwerk, das um 1300 errichtet wurde, besticht durch seine runde Bauweise, die einzigartig in Spanien und Europa ist. Sie ist sehr gut erhalten und thront mit ihren Verteidigungstürmen, dem Hauptschloss, dem Burggraben und den Zugbrücken hoch über der Inselhauptstadt.

Bellver ist ein katalanisches Wort und bedeutet schöner Ausblick. Diesen Namen trägt die Burg nicht ohne Grund. Der 111 Meter hohe Treppenaufstieg mit 350 Stufen, die teilweise durch steile Straßen und eine wunderschön angelegte Garten- und Wohnsiedlung führen, belohnt jeden Besucher mit einem sagenhaften Rundblick über die Stadt. Bestaunen Sie die Gipfel des Tramuntanagebirges, die Bucht Palmas, den angrenzenden Pinienwald und die Kathedrale La Seu. Sie können während des Aufstiegs kleinere Pausen machen und das Umland aus einer jeweils neuen Perspektive betrachten. Besichtigen Sie den prächtigen Innenhof und die zweistöckigen Loggien der Festung, deren Bögen oberhalb im gotischen und unterhalb im romanischen Stil gehalten sind. Die Schlossküche sowie die Schlosskapelle stehen Besuchern ebenfalls offen. Im Erdgeschoss befindet sich eine bemerkenswerte Ausstellung zur Geschichte Palmas, die sehr zu empfehlen ist.

Das Schloss Bellver können Sie auch bequem mit dem Bus erreichen. Entweder nehmen Sie den roten Sightseeing-Bus, auf dessen Strecke das Schloss eine Haltestelle ist oder Sie wählen die Anfahrt mit dem blauen Stadtbus, der Sie an der Bushaltestelle Placa Gomila herauslässt. Sie müssen dann den kleinen steilen Aufgang noch selbst bewältigen. Dann geht es von der Carrer de Bellver immer weiter aufwärts. So oder so ist die Burg einen Abstecher absolut wert!

Eintritt: 4 Euro

Adresse: Carrer Camilo, José Cela, Palma

Öffnungszeiten: Montag geschlossen, Dienstag bis Samstag von 10:00 bis 19:00 Uhr (April bis September), 10:00 bis 18:00 Uhr von Oktober bis März, Sonn- und Feiertage von 10:00 bis 15:00 Uhr

AQUARIUM

Palmas Aquarium ist ein sehr sehenswertes und interessantes Ausflugsziel mitten an der Playa. Hier bekommen Sie hervorragende Einblicke in den Lebensraum des Mittelmeeres, der wunderschön angelegt ist und seine Gäste ins Staunen versetzt. Das Aquarium ist Erlebnispark zugleich und bietet in 55 Becken über 700 Meerestierarten. Von Schildkröten über Korallen bis hin zu Haifischbecken bekommen Sie hier die ganze Vielfalt der Ozeane zu sehen. Absolutes Highlight ist der Wale Dome, in dem Sie eine informative Vorführung über Wale in 3D-Optik bekommen.

Der spezielle Raum ist mit einer Kuppel ausgestattet, die das Gefühl vermittelt, mitten im Wasser zu sein. Der Sound, der aus allen Richtungen strömt, untermalt dieses großartige Erlebnis wunderbar. Mit In- und Outdoorspielplätzen bietet das Aquarium auch für Kinder zahlreiche Spielmöglichkeiten mit Rutschen, Klettergerüsten und vielem mehr. Auf dem Außengelände gibt es ein abenteuerliches Piratenschiff mit „echten" Piraten und jeder Menge Wasserspaß. Ein wahres Erlebnis-Paradies für die Kids und Familien.

Eintritt: 25,50 Euro
Adresse: Carrer de Manuela de los Herreros, 21
Öffnungszeiten: Montag bis Freitag von 10:00 bis 15:30 Uhr, Samstag und Sonntag von 10:00 bis 17:30 Uhr

ZENTRALFRIEDHOF

Der Zentralfriedhof ist ein absoluter Ruheort und auch ein kleines Juwel, das seine Besucher mit einem eindrucksvollen Meer an Kreuzen, Skulpturen, Engelsfiguren, Denkmälern und Ornamenten ins Staunen versetzt. Der Friedhof wurde vom Architekten Gaspar Bennàssar i Moner gestaltet und um 1820 eingeweiht. Ein Rundgang ähnelt einem imposanten Museumsbesuch.

Schon der Eintritt durch das große Haupteingangstor lässt erahnen, welch monumentaler Blick sich den Gästen gleich offenbaren wird. Ein besonderes Highlight ist das 500 Quadratmeter große Mausoleum der mallorquinischen Bankiersfamilie Banca March.

Ungefähr 180.000 Menschen fanden auf diesem gewaltigen Areal ihre letzte Ruhe. Zahlreiche Fotos erinnern an die Verstorbenen. Sogar Straßennamen sind hier aufgestellt, um sich auf den Wegen zurechtzufinden. Zu bewundern ist auch der prachtvolle 15 Meter große Baum, die Großblättrige Feige, die inmitten der Gräber mächtig herausragt. Ein faszinierender und auch gewöhnungsbedürftiger Ort, der abseits des Touristen-Trubels für Momente der Stille sorgt.

Sie erreichen den Zentralfriedhof über die Ringautobahn in Richtung Valldemossa oder mit der Buslinie 9 vom Placa de Espana, mit der Sie bequem bis zur Haltestelle Cementeri fahren können.

FERROCARRIL DE SÓLLER – DIE HISTORISCHE BAHN

Die 1912 eröffnete Bahnstrecke zwischen Palma und dem Küstenort Sóller ist ein ganz besonderes Highlight, das malerische Umland und die traumhafte Landschaft zu erleben. Die historische Bahn durchquert auf ihren insgesamt 27 Kilometern 13 Tunnel und fährt mit einer Geschwindigkeit von bis zu 30 km/h. Die holzverkleideten Wagons versprühen nostalgisches Flair und erweisen sich als ein echtes Travel-Erlebnis. Umgangssprachlich wird die Bahn auch liebevoll „Roter Blitz" genannt. Einst Transportmittel vieler Orangen und Zitronen, bringt sie heute zahlreiche Einheimische und Touristen durch einige sehenswerte Gegenden. Mit den Oliven- und Mandelbaumhainen sowie dem Aussichtspunkt Mirador Pujol de'n Banya bietet diese Strecke großartige Gelegenheiten für einzigartige Erinnerungsfotos. Auf ihrer fast einstündigen Fahrt erkunden Sie ganz gemächlich das Serra de Tramuntana-Gebirge und werden von den Vororten der Stadt nach Bunyola über Serra de Alfábia bis in den Küstenort Sóller gebracht.

Die Zugtickets erhalten Sie am Schalter in Palmas Hauptbahnhof. Startpunkt ist der Rote Blitz-Bahnhof in der Carrer Eusebi Estada.

Kosten: 25 Euro

Köstliche Spezialitäten

Entdecken Sie die kulinarischen Klassiker Mallorcas! Von Tapas und Streetfood über traditionelle Fischspeisen und Gebäck bis hin zu erstklassigen Sterne-Menüs, süßen Desserts und Törtchen finden Sie in Palma alles, was das Gourmet-Herz begehrt. Die typisch mallorquinischen Köstlichkeiten, die Sie auf gar keinen Fall verpassen sollten, finden Sie hier. Ob auf den zahlreichen Terrassen der Szene-Bezirke, in urigen Lokalen und Traditions-Bäckereien oder direkt am Meer -

unter der Sonne Palmas schmecken Sie das herrliche Lebensgefühl dieser besonderen Insel.

ENSAIMADA

Die typisch mallorquinische Spezialität ist ein rundes Hefegebäck, das sehr gerne zum Frühstück, aber vor allem an Fasching und zu Weihnachten gegessen wird. Der Plunderteig in Schneckenform ist wahlweise mit Schokoladen-, Mandelcreme- oder Kürbisfüllung zu erhalten und mit ordentlich viel Puderzucker bestreut. Die Einzelportionen zum Frühstück finden sich in jeder Stadtbäckerei und sind ein absoluter Klassiker der mallorquinischen Süßspeisen.

COCAS

Die Coca ist ein Teiggebäck - ein beliebter Blechkuchen - den es in süßer und salziger Variante gibt. Eine der bekanntesten Sorten ist die Coca de Sant Juan, der Johanniskuchen, der ganz traditionell zur Johannisnacht, aber auch zu einer Vielzahl an anderen Festlichkeiten zubereitet wird. Mit kandierten Früchten wird der Hefeteig belegt und schmeckt einfach wunderbar. Sehr beliebt ist auch die Coca de albaricoque mit Aprikosenfüllung, dicht gefolgt von der Coca de patata mit Kartoffelfüllung. Salzig zubereitet ähnelt die Cocas einer dünnen Pizza, die mit verschiedenen Belag-Varianten immer ein toller Snack ist.

CUARTOS EMBETUMATS

Wer nach einer süßen Geschmacksbombe sucht, liegt bei dieser Spezialität der Insel genau richtig. Der typisch mallorquinische Bisquitkuchen besteht aus Eiern, Zucker und Kartoffelstärke. Das Cuarto ist mit einer leckeren Vanillecreme oder wahlweise Schokolade gefüllt und mit viel Baiser bedeckt. Diese Süßspeise ist ein Klassiker auf Mallorca, vor allem in Palma. Die besten Cuartos gibt es übrigens in der Konditorei Ca'n Frasquet.

GATÓ DE ALMENDRA

Purer Genuss mit einem einzigartigen Aroma der mallorquinischen Mandeln. Eine luftige Süßware aus Zucker und Mandeln, die ohne Mehl zubereitet wird. Mit einer Kugel lokalem Mandeleis lässt sich dieses Küchlein hervorragend genießen.

FLAN

Der spanische Eierpudding mit Karamellcreme wird auf der gesamten Insel sehr gerne zum Dessert serviert. Zusammen mit der Crema Catalana, der spanischen Créme Brulèe, ist diese Nachspeise eine wahre Geschmacksexplosion und rundet das Dinner perfekt ab.

BUNYOLS

Die Bunyols sind eine saisonale Spezialität und werden vorrangig zum Fest der Heiligen Ursula am 21. Oktober zubereitet. Eine Backware für die kühleren Tage, nach altem traditionellem Rezept. Vor allem in den Dörfern öffnen nur zu der Zeit Verkaufsstände, die sich auf die Bunyol-Klassiker spezialisiert haben. So kann es passieren, dass sich vor den Ständen eine längere Schlange bildet. Nicht ohne Grund sind die Bunyols eine der beliebtesten Köstlichkeiten der Insel.

SOBRASADA

Der absolute Wurst-Klassiker Mallorcas! Die Sobrasada ist ein sehr beliebter Brotbelag und eine streichfähige Rohwurst. Die luftgetrocknete Delikatesse besteht aus Schweinefleisch, das mit Salz, Pfeffer und viel Paprika gewürzt wird. Daher hat sie auch ihre auffallend rote Farbe. Mit einem Stück Sobrasada de Mallorca genießen Sie eine jahrhundertelange Tradition und schmecken die Balearen auf eine herzhafte Weise. Sie schmeckt super auf frischem Brot, Baguette oder als Bestandteil der Bolognese. Die mallorquinische Mettwurst erhalten Sie in jedem Supermarkt, doch die Besten gibt es auf den Märkten der Stadt.

PA AMB OLI

Das beliebte Bauernbrot ist ein herzhafter Snack für zwischendurch! Ein schlichter Genusshappen mit geröstetem Brot, sonnengereiften Tomaten der Insel und Öl. Klingt sehr schlicht, ist aber extrem lecker. Dazu ein gekühltes Glas Rosé und Sie schmecken das Lebensgefühl Mallorcas.

TUMBET

Der mallorquinische Gemüseauflauf besteht aus Kartoffeln, Zucchini, Auberginen, aromatischen Kräutern und wird mit reichlich Knoblauch und würziger Paprika zubereitet. Er ist sehr gesund und vor allem bei Vegetariern und Veganern beliebt. Das Tumbet schmeckt nicht nur wunderbar, sondern riecht auch herrlich nach Urlaub.

PA DE FIGA

Ein leckeres Feigenbrot aus getrockneten Feigen, gemahlenem Anis, Mandeln und Anisschnaps. Diese Zutaten werden zu einem Teig zusammengerührt und im Anschluss in der Sonne Mallorcas getrocknet. Die Konsistenz ist relativ klebrig, aber der Geschmack ist fantastisch. Bestellen sie dazu einen Anislikör oder einen Kaffee und genießen Sie diesen spanischen Klassiker.

Kunstgalerien und Museen

Palma bietet neben einer reichen Kulturgeschichte auch eine wahre Inspirationsquelle für internationale Künstler, die das Stadtbild und den Kunstgedanken maßgeblich prägen. Der bedeutendste mallorquinische Künstler ist Miquel Barceló, der zur Fertigstellung der Kathedralen-Kapelle beitrug. Das Galerien- und Museenangebot der Stadt ist vielfältig. Jedes Jahr finden zahlreiche Ausstellungen statt, die das kosmopolitische Flair der Metropole verstärkt. Tauchen Sie in die

Kunstgeschichte Mallorcas ein und erleben sie Palma von einer unglaublich eindrucksvollen und schöpferischen Seite.

Jedes Jahr im September findet die Nit de Art - die Nacht der Kunst - statt, die den jährlichen Höhepunkt der Kunstszene bildet. Zu diesem Event sind die Galerien bis spät in die Nacht geöffnet, deren Ausstellungen von Open-Air-Konzerten und kulinarischen Köstlichkeiten begleitet und unterstützt werden.

ES BALUARD

Das sehr sehenswerte Museum Es Baluard ist eine zentrale Adresse für alle Kunstliebhaber! Hier finden Sie zeitgenössische und moderne Kunst, Installationen sowie katalanische Landschaftsmalereien und Skulpturen. Mit Werken von Künstlern wie Picasso, Cezanne, Gaugin, Miró und vielen weiteren besitzt das Es Baluar eine erlesene Auswahl an den bedeutendsten Kunstschätzen.

Neben ständigen Ausstellungen veranstaltet das Museum auch Programme mit temporären Projekten und thematischen Ausstellungen. Die spektakuläre Anlage bietet einen wunderschönen Ausblick über die Bucht von Palma, den Hafen und die Altstadt. Das Museum wurde 2004 eröffnet und befindet sich im Norden Palmas am Placa Porta de Santa Catalina, am Ende des Paseo Mallorca.

Das Gebäude wurde zum Teil in die Überreste der alten Stadtmauer aus dem 16. Jahrhundert hineingebaut und erstreckt sich über mehrere Stockwerke. In der ersten Etage können Sie einen beeindruckenden Rundweg beschreiten und in den Abendstunden auf einen wunderschönen Sonnenuntergang blicken. Da das Museum nicht im touristischen Zentrum liegt, sondern über dem Hafen thront, gibt es hier kein überfülltes Gedränge. Sie können die Kunst also in entspannter Atmosphäre genießen. Das angeschlossene Café mit seinen hervorragenden Torten lädt zum Verweilen ein.

Adresse: Plaza Porta Santa Catalina S/N
Öffnungszeiten: Winter (bis zum 31.05.):
Dienstag bis Sonntag von 10:00 bis 20:00 Uhr,
Sommer (1. Juni – 30. September): täglich von 10:00 bis 24:00 Uhr,
geschlossen am 26.12 & 01.01.

Eintritt: 6 Euro, 4,50 Euro ermäßigt

Tipp: Freitags steht Ihnen das Museum gegen eine freie Spende offen.

GALERIE NURU

Dieser Ort erstrahlt in Farbe! Die erst 2019 eröffnete Galerie widmet sich besonders aufstrebenden internationalen Künstlern und wechselt alle zwei Monate die Ausstellungen. Sie ist einer der neuen Kunst-Hot Spots der Insel. Das Konzept der Galerie ist, ein sich stetig weiterentwickelnder Raum zu sein, mit hochmodernen und exklusiven Werken sowie Skulpturen und experimenteller Wandkunst. Die Nuru Gallery ist am glamourösen Yachthafen von Puerto Portals gelegen und bietet ihren Besuchern eine fantastische Aussicht. Die umliegenden Designer-Boutiquen und gehobeneren Restaurants sind definitiv einen Ausflug wert.

Adresse: Puerto Portals Local 32
Öffnungszeiten: täglich von 11:00 bis 24:00 Uhr

GALERIE RED

Hier vereint sich zeitgenössische Kunst und Design in Palma. Hier trifft Warhol auf Chanel. Die Galerie RED ist eine beliebte Adresse bei allen Kreativen und Kunstsammlern, die in die Werke bedeutender Verteter wie Basquiat, Roberto Longo oder Andy Warhol investieren möchten. Aber auch aufstrebende Künstler werden ausgestellt und sind Teil dieses abwechslungsreichen Ortes. Ausgesuchte Vintage-Möbel von Designern wie Parisi oder Borsani, wunderschöner Schmuck und exklusive Accessoires von Luxusmarken wie Prada, Gucci und Dior stehen ebenfalls zum Verkauf und machen diesen Lifestyle-Store zu einem echten Kunst-Erlebnis. Die Galerie wirkt wie ein kreatives und buntes Atelier mit ausgewählten Kunstschätzen.

Adresse: Placa Frederic Chopin
Öffnungszeiten: Montag bis Samstag von 11:00 bis 20:00 Uhr, Sonntag geschlossen

---

FUNDACIÓN DE JOAN MIRÓ

Miró hatte ohne Frage eine wahrlich emotionale und tiefe Verbindung zu Mallorca und genau das werden Sie beim Besichtigen dieses Museums spüren. Ein absolutes Muss in Palma und ein bunter, informativer Kunstort, der wunderbare Einblicke in das Schaffen Mirós schenkt. Der Museumsbestand umfasst ungefähr 6.000 Werke aus dem Nachlass des einzigartigen Künstlers. Darunter finden sich Gemälde, Zeichnungen, Skulpturen und viele grafische Arbeiten. Die Werkstätten, in denen er bis zu seinem Tod gearbeitet hat, sind heutzutage ein international ausgerichtetes Kulturgut.

Die Stiftung ist ein ganz besonderer Ort und zeigt die letzten Jahre des Künstlers mit einem beeindruckenden Gesamtwerk. Die vielen Facetten Mirós zeigen sich hier ganz besonders schön. Die Kunst gepaart mit dem wunderschön angelegten Garten und dem atemberaubenden Meerblick kreieren ein großartiges Ambiente und sind ein willkommenes Mekka für alle, die dem Trubel der Innenstadt für eine kurze Zeit entkommen wollen. Besichtigen Sie Mirós alte Malerhütte, in der seine Malerkittel mit Reißzwecken an die Wand gepinnt sind, und schnuppern Sie alten Zeitgeist. Mit einem wunderbaren Museums-Shop werden dieser Ausflug und Rundgang perfekt abgerundet.

Sie erreichen das Museum bequem mit der Buslinie 3, 46 und dem Transabus.

Adresse: Carrer Saridakis 29, oberhalb der Cala Major

Öffnungszeiten: Mitte Mai bis Mitte September: Dienstag bis Samstag von 10:00 bis 19:00 Uhr, Sonntag und an Feiertagen von 10:00 bis 15:00 Uhr

Mitte September bis Mitte Mai: Dienstag bis Samstag von 10:00 bis 18:00 Uhr, Sonntag und an Feiertagen von 10:00 bis 15:00 Uhr, Montag geschlossen

Eintritt: 7,50 Euro, ermäßigt 4 Euro

AHOY! ART GALLERY

In dieser tollen Galerie befindet sich auf mehr als 300 Quadratmetern moderne zeitgenössische Kunst und sie ist ein beliebter Treffpunkt bei Kunstliebhabern. Ständig wechselnde Ausstellungen und eine sehr angenehme und persönliche Atmosphäre machen die Galerie zu einem wunderbaren Kunstausflug. Hier nimmt sich der Galerist sehr gerne Zeit für die Besucher und plaudert mit ihnen. Die Art Gallery ist ein etablierter Kunsthandel und bietet Werke von renommierten Künstlern wie Gunter Sachs, Udo Lindenberg und Jordi Mollá an.

Adresse: Calle Concepcio 6
Öffnungszeiten: Montag bis Freitag von 11:00 bis 14:00 Uhr und 17:00 bis 20:00 Uhr

GALERIE PALEIRES

Eine der ältesten Galerien Mallorcas befindet sich in Palma - die Galerie Pelaires. Sie wurde 1969 gegründet und ist ein Ort mit der längsten Tradition von zeitgenössischer Kunst in Spanien. Sie befindet sich in einem wunderschönen Altstadtpalast aus dem Jahre 1625 und ist ein wahrer Magnet für alle Kunstliebhaber. Die Künstler der ersten Stunde, die hier ausgestellt wurden, waren Miró, Pablo Picasso und Tàpies. In den Jahren darauf folgten Werke von Alexander Calder und Robert Motherwell. Nur allein die wunderschön gewölbten Räume sind schon eine Besichtigung wert und geben der Kunst einen ausgezeichneten Rahmen.

Adresse: Carrer de Can Verí, 3
Öffnungszeiten: täglich von 16:30 bis 20:00 Uhr, Dienstag bis Samstag zusätzlich von 10:30 bis 13:30 Uhr, Sonntag geschlossen

Geheimtipps –

BODEGA LA RAMBLA

Wer Tapas liebt, ist hier goldrichtig. Die spanische Kellerbar empfängt Sie mit traditionellen Tapas zu günstigen Preisen. Palmas Geheimtipp, der seit Jahrzehnten im Familienbesitz ist. Die Bar liegt etwas außerhalb des Stadtzentrums, etwa zehn Minuten vom Placa de Espanya, direkt an den Ramblas. Hier herrscht ein lockeres Ambiente, mallorquinische Lässigkeit mit authentischer Küche. Das Lokal ist bei Einheimischen sehr beliebt, daher treffen Sie hier auf echtes mallorquinisches Flair und haben das Gefühl, einen Abend unter Stammgästen zu verbringen. Die Speisekarte bietet ca. 17 verschiedene Gerichte an, darunter

Tortillas, Tintenfischringe, den typisch mallorquinischen Kartoffelsalat, Kroketten aus Spinat, Oktopus oder Hähnchen, Champignons und vieles mehr. Die Portionen sind hier sehr großzügig und für Preise von vier bis acht Euro ein fairer Preis für ein genussvolles Essen.

Adresse: Via Roma, 6

Öffnungszeiten: Donnerstag bis Montag von 10:00 bis 15:30 und 19:00 bis 22:30 Uhr, Dienstag und Mittwoch geschlossen

---

CELLER SA PREMSA

Dieser urige Weinkeller mallorquinischer Art ist eine echte gastronomische Institution in Palma, den Sie abseits der Touristenströme in einer Seitengasse neben der Kathedrale finden. Ein herzlicher und sehr zuvorkommender Service mit einem tollen Angebot an leckeren Gerichten. Das Lokal mit seinem rustikalen Charme samt Holzbänken, Säulen und Weinfässern gibt es seit mehr als 60 Jahren und vermittelt spanisches Ambiente auf eine sehr besondere Weise. Hier treffen sich Einheimische,

Touristen aus aller Welt und spanische Besucher vom Festland und werden zu Stammgästen, die maßgeblich die Erfolgsgeschichte dieses Traditionslokals miterzählen. Die Paella mit einem gekühlten spanischen Landwein sind unbedingt zu empfehlen und gehören für einen Städtetrip in Palma auf jeden Fall dazu. Die Portionen sind großzügig und das Preis-Leistungs-Verhältnis fast unschlagbar.

> **Adresse:** Plaça del Bisbe Berenguer de Palou, 8, 07003 Palma
> **Öffnungszeiten:** Montag bis Samstag von 12:00 bis 16:00 Uhr und 19:00 bis 22:30 Uhr, Sonntag geschlossen

TITO'S

Das Tito's ist einer der bekanntesten Clubs der Stadt und aus Palmas Nachtleben nicht mehr wegzudenken. Direkt am Yachthafen gelegen, bietet er seinen Besuchern eine spektakuläre Lage, die vor allem in den späten Abendstunden einen grandiosen Ausblick über die Bucht beschert. Angesagte DJs legen hier regelmäßig auf. Wer auf Electronic und House

Sessions steht, wird hier einen aufregenden Abend erleben. Das Lokal wurde vor mehr als 80 Jahren gegründet.

1923 legte es den Startschuss und hat sich seitdem zu einer der beliebtesten Diskotheken etabliert. Das Publikum ist eher edel und die Preise sind dementsprechend auch gehoben, doch wenn Sie gerne im internationalen Ambiente und in großer Runde ausgehen und tanzen wollen, sind Sie im Tito's wunderbar aufgehoben.

Öffnungszeiten: im Mai nur freitags und samstags von 23:00 bis 6:00 Uhr, im Juni am Freitag, Samstag und Sonntag, von Juli bis Oktober täglich geöffnet.
Adresse: Avinguda de Gabriel Roca, 31 Paseo Maritimo
Eintritt: 25 Euro mit einem Freigetränk

PINCHO-KNEIPE MOLTABARRA

Eine Wohlfühlbar im Stadtviertel Sa Gerreria! Die Kneipe ist schon lange ein Treffpunkt der Einheimischen, die baskische Küche, Tapas und Pinchos mit einem sogenannten Tinto anbietet. In dem urigen Lokal herrscht Selbstbedienung, die für ein lebhaftes Ambiente sorgt. Die Ausstattung ist einfach gehalten. Hier erleben Sie spanischen Flair hautnah. Alle Altersklassen mischen sich unter das palmanesiche Publikum, Touristen werden Sie kaum antreffen. Neben den hervorragenden Bieren ist der Vino de la casa sehr zu empfehlen! Wer also einen authentischen, lauten und bunten Abend genießen möchte, der geht ins Moltabarra.

Adresse: Carrer del Pes de la Farina, 12
Öffnungszeiten: Montag bis Samstag von 19:00 bis 2:30 Uhr

EISDIELE RIVARENO HELADERIA

Das wohl beste Eis der Stadt, das Sie bei einem Palma-Aufenthalt nicht versäumen sollten. Genuss pur und das sogar noch glutenfrei! Zart, cremig und aus bester Qualität - genau das schmeckt man. Wenn Sie also nach den Tapas und dem ausgiebigen Dinner noch Platz für einen kleinen Eis-Traum haben, dann gehen Sie ins Rivareno. Die reiche Auswahl und das sehr nette Personal krönen den Besuch.

Adresse: Placa de la Llotja
Öffnungszeiten: täglich von 11:00 bis 23:00 Uhr

BAR NICÓLAS

Cocktails und Salat! Die Bar Nicólas ist eine Restaurant-Cocktailbar mit den besten Salaten und Cocktails der Stadt. Bestellen Sie zum Mojito kleine Salate wie Lachs- und Thunfisch-Tartar mit Tomate, Burrata und italienischem Käse und genießen Sie, zusammen mit den trendigen Einheimischen, dieses großartige Lokal.

Adresse: Placa del Mercat 19
Öffnungszeiten: Sonntag bis Donnerstag von 17:00 bis 1:00 Uhr, Freitag und Samstag von 17:00 bis 2:00 Uhr

C'AN JOAN DE S'AIGO

Diese Bäckerei ist ein absoluter Stadtschatz! Die jahrhundertealte Bäckerei C'an Joan De S'aigo ist ein bekanntes Schokoladencafé und wurde um 1700 eröffnet. Es bietet seinen Gästen ganz besondere Delikatessen. Hier gibt es die typisch mallorquinische Spezialität Ensaimada - ein warmes Hefegebäck - mit wahlweise Aprikosen oder Schokoladenfüllung. Heiße dickflüssige Schokolade, Mandeleis im Glas und vieles mehr. Fühlen Sie sich auf Anhieb wie im Schlaraffenland!

Das gemütliche Café empfängt Sie direkt in der Altstadt und ist dennoch nicht überlaufen. Hier bekommen Sie die mallorquinischen Klassiker und genießen die Spezialitäten in toller Atmosphäre. Das Café versetzt seine Besucher in eine andere Zeit. Die wunderschönen Markisen, die alten Fliesen und die nostalgische Einrichtung wirken zauberhaft. Die Preise sind erschwinglich und der Service sehr zuvorkommend. Der perfekte Ort, um sich für eine ausgiebige Shopping-Tour zu stärken!

Adresse: Carrer de Can Sanç, 10
Öffnungszeiten: täglich von 8:00 bis 21:00 Uhr

GARITO CAFÉ

Eher eine hippe Bar als ein Café, aber definitiv ein Must Do in Palma! Die Bar verwandelt sich in den späten Abendstunden zu einem Club und ist ein Treffpunkt für viele Einheimische. Sie liegt am Ende des Passeig Maritimo und überzeugt schon allein mit dem wunderschönen Blick über den Hafen. Internationale Live DJs und Bands spielen hier regelmäßig vor großem Publikum, das vorrangig aus jungen und kreativen Mallorquinern besteht. Von Drum&Bass, House, Dance, Electro über Indie und Charts ist für jeden Geschmack etwas dabei. Auf der fantastischen Terrasse können Sie vorab einen Drink und einen Snack genießen - früher kommen lohnt sich hier auf jeden Fall. Erleben Sie eine aufregende Partynacht in Palma!

Adresse: Darsena de Ca'n Barbara, s/n, 07015 Palma
Öffnungszeiten: Donnerstag bis Samstag von 20:00 bis 4:00 Uhr

BAR BOSCH

Eine absolute Institution - seit 1936 in Palma! Nur 400 Meter von der Kathedrale entfernt, am Ende des Passeig des Born liegt die Bar sehr zentral. Hier treffen sich Jung und Alt sowie Touris und Einheimische und genießen ihren Kaffee, Wein, Drink, Tapas oder ein herzhaftes Frühstück. Das große einladende Lokal ist sehr authentisch und bietet der Stadt durch das gemischte Publikum und das herzliche Ambiente etwas sehr Geborgenes und Magisches. Der Innenraum wartet mit einer großen Bar, einem gut gefüllten Spirituosenregal, Zapfhahn, Vitrinen und der Kochstelle auf seine Besucher. Die Preise sind vollkommen in Ordnung und sehr erschwinglich. Ein Kaffee kostet hier 1,40 Euro, Mineralwasser 1,50 Euro und ein Sandwich um die 3,40 Euro.

Adresse: Plaza Rei Joan Carles I 6
Öffnungszeiten: täglich von 7:00 bis 1:00 Uhr

PURO BEACH CLUB

Der perfekte Ort, um zu entspannen und sich in einem einzigartigen Ambiente zu erfrischen. Der Beach Club ist eine der Top-Adressen, wenn es um hochwertigen Lifestyle und Balearischen Chic geht. Hier können Sie in den schwarz-gefliesten Pool eintauchen und den wunderschönen Blick auf die Wellen des Mittelmeeres genießen.

Bei Reservierung einer Sonnenliege erhalten Sie ein Handtuch, Mineralwasser, After-Sun, einen Smoothie und einen Welcome-Teller mit frischen Früchten. Zusätzlich bietet der Puro Beach Club eine sonnige Dachterrasse, eine gemütliche Lounge und zahlreiche Wellnessanwendungen. Wenn Sie sich also mit einer Massage direkt am Meer verwöhnen lassen wollen, danach in den Pool springen und den fantastischen Sonnenuntergang genießen wollen, ist ein Besuch auf jeden Fall zu empfehlen. Es erwartet Sie außerdem wunderbare Musik wechselnder DJs! Eine wahre Oase, die Ihren Aufenthalt unvergesslich macht!

Adresse: Carrer Pagell, 1, Cala Estancia

LA ROSA VERMUTERIA

Hier gibt es Wermut vom Fass – sehr angesagt und extrem lecker! Die Tapas- und Wermut-Bar La Rosa Vermuteria liegt im szenigen Stadtteil Santa Catalina. Die Einrichtung erinnert an ein Retrodesign aus den 70er Jahren. Hier herrscht immer Hochbetrieb und das Publikum ist ein perfekter Mix aus Einheimischen und einigen Touristen. Ansprechend, originell und eben typisch mallorquinisch. Die Speisen sind vegetarisch, vegan und glutenfrei und mit Preisen zwischen 15 und 30 Euro lässt sich in dieser Bar ein toller Abend verbringen.

Adresse: Calle de Rosa 5
Öffnungszeiten: täglich von 12:00 bis 0:00 Uhr

Feste und besondere Feiertage

Palma bietet jedes Jahr eine Vielzahl an traditionellen Festen mit Feuerwerk, Tanz, Musik, Straßengrillfesten, Strand-Partys, Konzerten und vielem mehr und zeigt, dass modernes Nachtleben und kulturelles Erbe wunderbar harmonieren.

DIA DE SAN SEBASTIAN

Der Feiertag des Heiligen San Sebastian, dem Schutzheiligen Palmas, ist ein spektakuläres Fest in der Balearischen Inselhauptstadt. In den insgesamt knapp
zwei Wochen, vom 11. bis 25. Januar, wird dem Pat-
ron gedacht und ihm zu Ehren finden rauschende
Aktivitäten statt. Der Höhepunkt ereignet sich am
Vorabend des 19. Januars mit zahlreichen Konzerten
und Tanzveranstaltungen mit traditionellen Volks-
tänzen. Sie erleben bunte Umzüge durch die Innenstadt, während auf den Straßen gegrillt wird. Die
Restaurants laden zu einer sogenannten Torrada ein
reiches Barbecue, an dem sich jeder für 2,50 Euro
sattessen kann. Viele Ausstellungen und Museen bieten in dieser Zeit einen kostenlosen Eintritt.

DIA DE LES ILLES BALEARES

Der sogenannte Balearen-Tag wird jedes Jahr am 1.
März gefeiert und gedenkt der 1983 in Kraft getrete-
nen autonomen Ordnung der Insel. Das wird mit vielen bunten Events begangen. Zudem haben Museen
und Galerien ihre Türen kostenlos geöffnet. Ein
mehrtägiges Programm bietet Gästen und Bewoh-

nern mit Lesungen, Märschen, Tanz- und Sportveranstaltungen, Führungen durch öffentliche Gebäude und jeder Menge Musik ein großartiges und abwechslungsreiches Festwochenende.

KARNEVAL

Erleben Sie jedes Jahr im Februar den bunten Karnevalsumzug durch Palma. Auf den beginnenden Kinderkarneval - dem Sa Rueta - folgt der große Hauptumzug am 23. Februar, der ein lautes und lebhaftes Spektakel ist. Farbenfrohe Kleider, Live-Musik, Kostümpreisverleihungen, traditionelles Fischessen und DJ-Partys in großen Festzelten sind nur einige Programmpunkte, die Sie an diesem Wochenende in Palma erleben.

FIRA DEL RAM

Die große Kirmes findet jährlich im Industriegebiet Son Fusteret in der Hauptstadt statt und bietet Ihnen mit über 70 Fahrgeschäften und 170 Buden und Ständen ein tolles Erlebnis. Es ist ein ausgelassenes Fest für die ganze Familie und ein feierlicher

Frühlingsbeginn. Vom 27. Februar bis zum 19. April können Sie in der Zeit von 17:00 bis 23:00 Uhr auf die Fahrgeschäfte, Ihr Glück an den Spielbuden versuchen und Spezialitäten wie Churros, Crépes und Gofres genießen, deren frisch zubereiteten Düfte in der ganzen Luft verteilt sind. Das traditionelle Karussell, das Dodgems, ist die Hauptattraktion der gesamten Kirmes. Es ist ein großes Spukhaus mit mehreren kleinen Achterbahnen.

NOCHE DE SAN JOAN

Die kürzeste Nacht des Jahres und die Ankunft des Sommers wird in ganz Spanien groß gefeiert. Die Noche de San Joan - die Johannisnacht - findet vom 23. auf den 24. Juni statt. Besonders schön ist es in dieser Nacht an den Stränden Mallorcas. Dort versammeln sich Familien zum Grillen und feiern die Nacht mit ganz vielen Kerzen und Fackeln. Es werden größere Lagerfeuer entzündet, Musik gespielt und zahlreiche Feuerwerke begrüßen den Sommer mit einer ausgelassenen Stimmung.

Es wird außerdem ein ganz schönes Ritual in dieser magischen Nacht vollzogen. Um Mitternacht werden die Füße ins Wasser getaucht und alle dürfen sich etwas wünschen. Es wird gesagt, dass sich genau jenes dann im nächsten Jahr bewahrheiten wird.

DIA DE LA HISPANIDAD

Der spanische Nationalfeiertag! Der Feiertag zur Einheit der spanischsprachigen Welt findet jedes Jahr am 12. Oktober statt. Er wird auch Kolumbus-Tag genannt, denn der bekannte Seefahrer war maßgebend an der Verbreitung der spanischen Kultur beteiligt. Kolumbus Expeditionen wurden großzügig von der damaligen spanischen Königin Isabella I unterstützt. Als er Amerika entdeckte, hielt auch die spanische Kultur Einzug. Heutzutage ist Spanisch die Landessprache vieler Regionen in Mittel- und Südamerika. Das wird kräftig mit Paraden gefeiert.

FEST DER FAHNEN / DIADA DE MALLORCA

Mehr als nur der letzte Tag im Jahr, sondern ein wichtiges Ereignis für die Mallorquiner. Am 31.

Dezember 1229 zog König Jaume I in Palma ein und siegte über die Baleareninsel. Dem wird feierlich gedacht. Das Festa de L'Estandart - das Fahnenfest - ist ein jährliches Event, um an den Sieg zu erinnern. Dafür versammeln sich Bürgermeister, zahlreiche Politiker und das Militär vor dem Rathaus und tragen stolz die Fahne mit dem Wappen Mallorcas, die sogenannte L'Estandart. Am Vorabend, am 30. Dezember, findet jedes Jahr ein Konzert in der Kirche San Miquel statt - zu Ehren der Heiligen.

Zeitgleich zum Fahnenfest wird der Diada de Mallorca begangen, mit dem an die Gründung des Königreichs Mallorca gedacht und vielfältig auf der gesamten Insel gefeiert wird. Am Abend des 30. Dezembers gibt die Musikkapelle Palma ein Konzert auf dem Placa d'Espana, das mit einer öffentlichen Kranzniederlegung vor dem Denkmal des König Jaume I gekrönt wird.

Am Tag darauf, am 31. Dezember, begeben sich viele Menschen auf einen öffentlichen Marsch durch die Stadt bis hin zum Placa Cort, wo auch das Fahnenfest gefeiert wird.

Die besten Hotels der Stadt

PURO HOTEL

Dieses stylische Stadthotel erwartet Sie im minimalistischen Stil und mit einem grandiosen Blick über die City. Die hübsch eingerichteten Zimmer und Suiten, das stilvolle Ambiente sowie das angesagte Rooftop-Flair kreieren einen wunderbaren Aufenthalt im Herzen Palmas. Nach einem leckeren Drink können Sie direkt ins Nachtleben starten, die Lage ist dafür optimal. Unweit des Hotels sind zahlreiche Clubs und Bars zu erreichen.

Adresse: Carrer de Montenegro, 10

HOTEL CA N'ALEXANDRE

Ein charmantes City-Hotel mit Blick über den Placa d'Alexandre. Es ist ein kleines und ruhiges Hotel, dennoch aber sehr zentral gelegen und dadurch optimal für einen Städtetrip geeignet. Nach einer Sightseeing-Tour können Sie sich in diesem Hotel wieder entspannen und in Ruhe erholen. Die Einrichtung ist sehr liebevoll gestaltet und begrüßt Besucher auf eine sehr herzliche Art. Viele Zimmer haben eine kleine Terrasse, von der aus Sie das mallorquinische Treiben der Inselhauptstadt beobachten können. Das Mercat d'Olivar und das Museo Fundación de Juan March befinden sich in unmittelbarer Nähe. Die sehr nette Rezeption steht ihren Gästen mit wertvollen Insider-Tipps zur Seite.

Adresse: Plaça Alexandre Jaume, 8A

CAN CERA

Ein wunderschönes Boutique Hotel für alle, die es herrschaftlich mögen! Das im 17. Jahrhundert erbaute Anwesen liegt im Herzen Palmas und überzeugt durch seine prachtvolle Ausstattung. Die hohen Decken, die hochwertige Einrichtung und die romantischen Balkone vermitteln ein sehr elegantes, stilvolles Ambiente, das zudem sehr mallorquinisch geprägt ist. Can Cera befindet sich nur wenige Schritte von der Kathedrale zwischen Placa de Santa Eulalia und der Placa de Sant Francesc.

Adresse: Carrer de Sant Francesc, 8

ES PRINCEP

Ein hochwertiges Luxushotel, das keine Wünsche offenlässt! Das Es Princep liegt etwa zehn Minuten von der Kathedrale entfernt und bietet 50 sehr komfortable Zimmer mit einer eleganten und modernen Einrichtung. Die wunderschöne Dachterrasse mit Rooftop-Bar bietet einen wunderschönen Blick über die Stadt.

Ein reichhaltiges Frühstücksbuffet, ein sehr nettes Personal mit einer serviceorientierten und hilfsbereiten Rezeption stehen Ihnen hier rund um die Uhr zur Verfügung. Es erwarten Sie viele Freizeitaktivitäten im großen hauseigenen Fitness- und Wellnesscenter, Spa-Bereich, Innenpool, Solarium, Dampfbad und vielem mehr. Wohlfühlen wird hier großgeschrieben. Es ist ein perfekter Ort, um mit der

Erkundung Palmas zu starten. Die Altstadt ist fuß-
läufig wunderbar zu erreichen.

> **Adresse:** Carrer de Bala Roja, 1

HM BALANGUERA

Dieses Design-Hotel liegt nur wenige Meter von der
Altstadt, dem Meer und dem angesagten Viertel
Santa Catalina entfernt und besticht durch eine her-
vorragende Lage. Hier trifft urbanes Design auf mi-
nimalistischen Stil und bietet seinen Gästen mit wei-
ßen Wänden, Stein und Naturmaterialien, Holz- und
Korbgeflecht eine richtige Wohlfühloase. Von der
kleinen Dachterrasse aus haben Sie einen herrlichen
Ausblick und können den Abend an der Bar mit ei-
nem Cocktail ausklingen lassen. Die komfortablen
Zimmer, das freundliche Personal, der hauseigene
Swimmingpool und der Lesebereich sind der beste
Grund, den Städtetrip durch Palma von hier aus zu
starten.

> **Adresse:** Carrer de la Balanguera, 37

Tagesausflüge ab Palma

SERRA DE TRAMUNTANA

Wohl eines der schönsten Ausflugsziele auf Mallorca ist das traumhafte Tramuntana-Gebirge im Norden der Insel. Das Gebiet ist seit 2011 UNESCO-Weltkultur- erbe und das auch völlig zu Recht. Die im Westen der Insel liegende Landschaft, in der mit 1.445 m der höchste Berg Mallorcas - der Puig Maior - liegt, be- eindruckt mit Natur und Kultur. Die steilen Klippen und der sensationelle Blick auf das offene Meer sind ideal für Cabriofahrer und Fahrradfahrer. Doch Sie haben vielfältige Möglichkeiten, die Region zu erkunden. Zahlreiche Wanderwege mit Guide oder ohne, Mietauto oder auch per Motorrad oder dem Roller. Erleben Sie ein magisches Gebiet mit reicher Pflanzen- und Tiervielfalt.

Besonders schön ist die Strecke von Bunyola über Orient nach Alaro (Ma-2100) und dann weiter über Llosetta, Selva und Caimari bis nach Soller (Ma-2130). Kleinere Zwischenziele wie das Kloster Luc oder die Fahrt herunter nach Sa Calobra zum Canyon Torrent de Pareis sind nur einige, die diesen Ausflug zu etwas sehr Außergewöhnlichem machen. Bei dem einmaligen Mix aus schroffen Felsen und tiefen Tälern mit einem atemberaubenden Blick über die herrlichen Buchten der Insel, kommen Naturliebhaber auf ihre Kosten und werden mit unvergesslichen Sonnenuntergängen verwöhnt. Hier zeigt sich die zauberhafte Schönheit der Natur!

DRACHENHÖHLE

Ein Besuch der Caves del Drac - der Drachenhöhlen - lohnt sich! In der Nähe des Ortes Porto Cristo an der Ostküste der Insel befinden sich die beeindruckenden Tropfsteinhöhlen. Was auf den ersten Blick vielleicht nicht als ein Traum-Ausflugsziel erscheint, erweist sich als ein beeindruckendes Erlebnis.

Das spektakuläre Höhlensystem mit seinen unterirdischen Seen lädt zu einer Bootstour ein, bei der Sie die beleuchteten Tropfsteine bewundern können. Diese ragen von der Decke empor und sind absolut faszinierend. Es ist eine märchenhafte Atmosphäre, die diese Sehenswürdigkeit versprüht. Zudem befindet sich auf diesem einzigartigen Komplex ein Auditorium, in dem Live-Konzerte stattfinden und den Ausflug musikalisch untermalen. Die Drachenhöhle ist ganzjährig geöffnet und für einen Besuch sollten Sie mindestens eine Stunde einplanen.

Eintritt: 15 Euro, ermäßigt 8 Euro
Öffnungszeiten: jeweils um 10:00, 11:00, 12:00, 14:00, 15:00 und 17:00 Uhr

BAUERNMARKT SINEU

Jeden Mittwoch findet in dem Ort Sineu ein lebendiger Wochenmarkt statt, den Sie bei einem Palma-Städtetrip unbedingt einplanen sollten. Er befindet sich direkt auf dem Hauptplatz Sa Placa neben der Kirche und ist sehr leicht zu finden. Hier liegt der Duft von frischen sonnengereiften Früchten, Gemüse, frisch gebackenen Teigwaren, Honig, Gewürzen und Käse in der Luft und die malerische Altstadt bietet eine herrliche Kulisse, ausgiebig zu schlendern, zu probieren, zu naschen und einzukaufen.

Außerdem finden Sie zahlreiche Keramik-, Kleider- und Lederwarenhändler, die dicht an dicht ihre Schätze präsentieren. Auf dem Weg weiter zur Kirche, der Nuestra Senyora de los Angeles, kommen Sie an Tierständen vorbei, an dem Klein- und Großvieh angeboten wird sowie einem weiteren wunderschönen Kunsthandwerksmarkt. In den unmittelbaren kleinen Gassen mit den traditionellen Cafés und Restaurants können Sie eine kleine Pause einlegen und das bunte Treiben beobachten.

Lauschen Sie den Klängen der Musiker und Bands, die mit Didgeridoo und Trommeln den perfekten Sound zum Bummeln liefern. Der Markt ist ein sehr beliebtes Ausflugsziel und somit füllt sich der Platz am Vormittag recht schnell. Kommen Sie daher schon früh und genießen Sie ein ruhiges mallorquinisches Frühstück. Tipp: Bar Triquet – direkt am Placa es Fossar. Der Wochenmarkt ist sehr gut mit dem Auto, aber auch mit Bus und Zug zu erreichen.

Öffnungszeiten: jeden Mittwoch von 8:00 bis 13:30 Uhr
Adresse: Placa es Fossar 160, Sineu

CAP DE FORMENTOR

Das Cap de Formentor ist eine spektakuläre Steilküste, die wie eine Landzunge geformt ist. Sie ragt vom Port de Pollenca im Norden der Insel ins Meer und endet am nördlichsten Punkt Mallorcas, dem Cap de Formentor. Die preiswerteste Verbindung von Palma nach Cap Formentor ist mit dem Bus. Die Fahrt dauert ungefähr 1,5 Stunden und kostet um die 8 Euro. Auf den knappen 65 Kilometern kommen Sie an traumhaften Felswänden vorbei, die Sie aus dem Bus heraus bestaunen können.

Vom Port de Pollenca erreichen Sie dann mit der Buslinie 353 das Cap. Die 13,5 km lange Strecke lässt sich aber auch wunderbar mit dem Auto befahren. In zahlreichen Serpentinen fahren Sie vom Port de Pollenca bis hin zum Leuchtturm, die einen unvergleichbaren Ausblick auf die Steilhänge und Berge bieten. Hier können Sie auf der groß angelegten Aussichtsplattform Mirador de Mal einen Zwischenstopp einlegen und auf 200 Metern Höhe einen großartigen Blick über die steile Küste genießen.

Über eine kurvenreiche Straße gelangen Sie dann zum Atalaya de Albercutx, auf dem ein kleiner Wachturm steht, der Ihnen eine atemberaubende Aussicht auf die gesamte Halbinsel Formentor beschert. Von dort aus ist es dann nicht mehr weit - vorbei am Roca Blanco erreichen Sie den Leuchtturm am Cap. Es lohnt sich!

RAFAEL VERDERA

Eine Tour auf der antiken Rafael Verdera ist ein ganz besonderes Highlight. Das älteste Segelschiff Spaniens, das einst in der spanischen Flotte gedient hat, wurde liebevoll restauriert und hat sich zu einem absoluten Blickfang verwandelt. Die Rafael Verdera ist im Besitz einer mallorquinischen Familie, die seit Jahren wunderbare Tagesausflüge und Veranstaltungen auf dem Schiff anbietet. Und diese sind sehr beliebt, vielfältig und außergewöhnlich! Neben Beats und Barbecue auf dem Boot, gibt es auch jede Menge Action auf dem Wasser mit Flyboards und Jet Skis. So lässt sich schon mal ein ganzer Tag auf dem Schiff verbringen.

Die sehr entspannte Atmosphäre aus Spaß, Sonne, gesunder Meeresluft, familiärem Gefühl, Musik und Genuss macht diesen Ausflug zu einem unvergesslichen Segeltörn in der Bucht von Palma.

Auf dem Schiff ist Platz für bis zu 35 Personen, auch Firmen-Events finden regelmäßig statt. Sie können eine Fahrt von März bis November buchen, die jeweils von Palmas Hafen aus startet. Je nach Wind- und Wetterlage werden Buchten wie Cala Vella, Son Veri, Punta Negra, Palma Nova, Portals Vells und El Toro angesteuert. Die Preise variieren nach Gruppengröße. Bei bis zu 12 Personen zahlen Sie für eine Fahrt von 10:00 bis 14:00 Uhr um die 1.868 Euro, bis 17:00 Uhr wären es 2.417 Euro.

FLOHMARKT CONSELL

Dieser wunderschöne Antiquitäten- und Kunst-markt findet jeden Sonntag im kleinen Straßendorf Consell statt. Mallorcas größter Flohmarkt bietet von 8:00 bis 14:00 Uhr wahre Schätze von Privatleu-ten und Händlern an. Hier tummeln sich dann auch schon mal um die 15.000 Besucher und verwandeln das Industriegebiet des kleinen Ortes zu einer Trö-del- und Verkaufsmeile. An 300 Ständen können Sie stöbern, feilschen und nach besonderen Schnäpp-chen Ausschau halten.

Kleidung, Möbel, Bilder, Schmuck und Korbwa-ren werden angeboten. Aber auch inseltypische Ra-ritäten wie altes Werkzeug oder Silbersachen. Ein toller Ort, an dem Sie ausgefallene Mitbringsel ergat-tern können. Der Flohmarkt ist sehr gut zu errei-chen. Über die MA-13 gelangen Sie Richtung Santa Maria nach Consell, wo Sie am Ende des Ortes das unübersehbare Industriegebiet erreichen. Die Park-gebühr ohne zeitliche Begrenzung beträgt 1 Euro. Das vielfältige Angebot und das Gewusel ist auch für Schaulustige sehr zu empfehlen. Zahlreiche Imbiss-stände, Bars und Cafés laden dazu ein, das lebendige Treiben zu beobachten.

Öffnungszeiten: jeden Sonntag von 8:00 bis 14:00 Uhr

Anreise – wie am besten

MIT DEM FLUGZEUG

Der Flug ist in jedem Fall die einfachste und schnellste Variante. Aus Deutschland bekommen Sie, je nach Saison, Tickets für 80 bis 200 Euro und gelangen binnen zwei Stunden in die Inselhauptstadt. Wer last minute bucht, ergattert auch schon mal Schnäppchen von 20 bis 60 Euro. Airlines wie Condor, Lufthansa, EasyJet und Ryanair bieten aus fast jedem Flughafen tägliche Angebote.

MIT DEM AUTO

Wenn Sie zeitlich unabhängig sind und sich für die Anreise mit dem Auto entscheiden, sollten gute zwei Tage eingeplant werden. Sie müssen dann zwangsläufig ab Barcelona auf die Fähre umsteigen, doch das bietet seinen ganz eigenen Reiz und gerade die Anreise mit dem Auto lässt Sie flexibel kleine Zwischenstopps in Frankreich einlegen. Wenn Sie also die Route über Lyon, Montpellier nach Barcelona wählen, können Sie auf dem Weg durch kleine Fischerdörfer fahren und gegebenenfalls dort übernachten. Beachten sollten Sie die anfallenden Autobahngebühren, die je nach Fahrzeugtyp variieren und sich zwischen 20 und 30 Euro belaufen.

MIT DEM SCHIFF

Die Überfahrt mit dem Schiff kann von Barcelona, Genua, Valencia oder Denia erfolgen. Die Baleària und die Acciona Transmediterránea nehmen zweimal täglich ihre Route nach Palma auf. Von Barcelona sind es dann knappe 8 Stunden Fahrt. Tickets können Sie beispielsweise bei den Traffic Service-Center-Fähren erwerben. Buchen Sie am besten die Hin- und Rückfahrt zusammen, dann sparen Sie 15 Prozent.

MIT DER BAHN

Die Bahnanreise ist natürlich auch eine Option, die Inselhauptstadt zu erreichen. Für die Strecke von Bremen über Hannover nach Paris bis Barcelona müssen Sie etwa zwei Tage einplanen, zwei bis dreimal umsteigen und rund 300 Euro bezahlen. Ab Barcelona können Sie dann auf die Fähre steigen, die Sie nach Palma bringt. Was im ersten Moment nicht bequem klingt, erweist sich aber doch auch als eine sehr überlegenswerte Möglichkeit. Sie reisen auf dem Weg durch Gegenden in Frankreich und Nordspanien und können kurze Aufenthalte in großen Städten genießen. So wird die Reise schon zu einem erlebnisreichen Trip.

Tipps für den kleinen Geldbeutel

BAR-HOPPING

Jeden Dienstag öffnen Kneipen und Bars in der Altstadt für eine Tapas Tour, die sogenannte „Ruta Martiana", die ab 19 Uhr beginnt. Hier bekommen Sie für nur 2,50 Euro ein Bier oder Glas Wein und zwei Tapas, die vom Buffet gewählt werden. Am besten starten Sie den Abend in der Bar Espana, am Carrer de Can Escursac 12, und lassen sich dann durch die zahlreichen Lokale treiben.

GÜNSTIG ESSEN

Das kleine Café La Molienda ist ein wahrer Geheimtipp unter Reisenden mit kleinem Budget, in dem Sie ein köstliches Frühstück genießen können. Avocado-Brote, Eier und eine Tasse Kaffee und Sie sind bestens gerüstet für den Tag.

Ein weiteres Lokal, welches sich als unschlagbar erwiesen hat, ist die Bar Coto in der Nähe des Hafens. Die deutsche Betreiberin versorgt ihre Gäste am Plaza Drassana mit leckeren Suppen, Hauptspeisen und Desserts, die zusammen selten über 10 Euro liegen.

Generell gilt: Überall, wo Sie auf den Tafeln vor den Lokalen „Menu del dia" lesen, können Sie günstige Tagesgerichte genießen. Diese befinden sich nicht in erster Meereslinie und etwas außerhalb touristischer Ballungszentren.

STRAND

Wer sich nicht nur an Palmas Stadtstrand aufhalten möchte, kann für 2,50 Euro mit dem Bus 104 oder 107 in eine kleine Bucht nach Cala Mayor fahren. Steigen Sie am besten am Hotel Nixe aus und beobachten Sie nicht nur die traumhafte Landschaft, sondern auch die Stand Up-Paddler.

UNTERKUNFT

Nur 500 Meter vom Strand entfernt befindet sich das preiswerte Smartline Lancaster Hotel in sehr günstiger und zentraler Lage am Carrer de Sant Ramon Nonat. Die einfach, jedoch völlig ausreichende Ausstattung, das gute Essen im 24-Stunden-Restaurant und der private Swimmingpool machen das Hotel zu einer sehr empfehlenswerten Unterkunft bei kleinem Budget. Ein Basic Doppelzimmer kostet hier 40 bis 60 Euro. Mittendrin und doch sehr ruhig!

Das Urban Hostel in Santa Catalina bietet eine günstige Unterkunft ab 30 Euro pro Nacht. Das umgebaute ehemalige Kloster beherbergt jedes Jahr Reisende aus aller Welt - größtenteils junge Menschen - die einen ganz besonders lebendigen Spirit in dem Gebäude versprühen. Das Hostel im angesagten Szene-Viertel ist nur 10 Gehminuten von Palmas Altstadt entfernt und befindet sich direkt an der Küstenpromenade von Palma. Somit ist der Aufenthalt ein günstiger Ausgangspunkt für den Besuch der

wundervollen Buchten, Strände und Sehenswürdig-
keiten der Hauptstadt.

FÜHRUNG

Erleben Sie die kostenlosen Führungen von Freetour
Palma, die von Montag bis Freitag eine zweistündige
Tour ab 11:00 Uhr rund um die Altstadt anbieten.
Ohne vorherige Anmeldung können Sie sich am Tou-
rismusbüro am Parc de la Mar einfinden und werden
vom Guide in Empfang genommen.

Und nun geht's los

Mit dieser Fülle an Informationen und Tipps sind Sie bestens für einen gelungenen Aufenthalt in der wunderschönen kleinen Metropole ausgestattet und können die Sonneninsel Mallorca in vollen Zügen genießen.

Palma ist ein wundervolles Reiseziel und eine unglaublich vielseitige Stadt. Die Metropole ist nicht gleich „Malle" und hat schon gar nicht das Ballermann-Image verdient, das leider noch viel zu sehr über der Balearen-Insel schwebt. Dafür ist sie viel zu bezaubernd, künstlerisch, prachtvoll und atemberaubend schön.

Palma ist eine der wenigen Mittelmeerstädte, in der sich Tradition und Geschichte auf einzigartige Weise mit einer modernen urbanen Atmosphäre verbinden. Genau damit schafft sie es, Besucher und Locals zu jeder Jahreszeit zu verzaubern.

Na, haben Sie Lust bekommen, Ihren nächsten Trip nach Palma zu planen? Dann gibt's hier noch einen kleinen Mallorquinisch-Reise-Wortschatz für Ihr Gepäck!

Deutsch	**Mallorquinisch**
Hallo!	Hola!
Guten Tag!	Bon dia!
Tschüss!	Adéu!
Auf Wiedersehen!	Fins un altra!
Ja	Si
Nein	no
Danke	Gracís!
Bitte/ Gern geschehen	Servidor
Prost!	Salut!
Entschuldigung...	Perdó...

Packliste

Geld & Finanzen

O (evtl.) Auslandswährung
O Bargeld
O Bauchtasche
O Brustbeutel
O Bauchtasche
O EC-Karte
O Kreditkarte
O Notfall-Telefonnummern der Banken
O Portmonee

Hygiene

O Haarbürste / Kamm
O Deo (klein)
O Shampoo
O Kulturtasche
O Sonnencreme
O Taschentücher

O Reise-Zahnbürste und Zahnpasta
O Verhütungsmittel

Kleidung

O Badeklamotten
O Gürtel
O Hosen kurz / lang
O Mütze / Cap / Hut
O Pullover
O Regenjacke
O Schlafanzug
O Socken
O Sonnenbrille
O Sportklamotten / Jogginghose
O T-Shirts
O Unterwäsche

Medikamente

O Blasenpflaster
O Anti-Durchfalltabletten
O Erste-Hilfe-Set

O Fiebertabletten
O Fiebertabletten
O Mückenschutz
O sonstige Medikamente
O Pflaster
O Kopfschmerztabletten

<u>Unterlagen & Papiere</u>

O ADAC Unterlagen
O Adresslisten für Postkarten
O Krankversicherungsnachweis
O Stadtplan
O Führerschein
O Unterlagen für die Unterkunft
O Wasserdichte Hülle für Reiseunterlagen
O Impfausweis
O Mietwagenunterlagen
O Personalausweis
O Reisepass
O Reisetagebuch
O evtl. Studentenausweis

O evtl. Visum
O Zug- / Bahn- / Flugticket

Taschen & Rucksäcke

O Koffer / Trolley / Reisetasche
O Regenhülle für Rucksack
O Rucksack

Schuhe

O Badeschlappen / Hausschuhe
O Schuhe und Wechselschuhe

Sonstiges

O Brille / Kontaktlinsen und Etui
O Buch zum Lesen
O Ohrenstöpsel und Schlafmaske
O Regenschirm
O Reisedecke
O Wasserflasche
O Wörterbuch

Elektronik

O Digitalkamera
O Handy
O Ladekabel
O Kopfhörer
O evtl. Steckdosenadapter
O Power-Bank

Herstellung und Verlag:
BoD – Books on Demand, Norderstedt
ISBN: 9783751970587

© Bianca Theile 2020
1. Auflage
Kontakt: Psiana eCom UG/ Berumer Str. 44/ 26844 Jemgum
Covergestaltung: Fenna Larsson
Coverfoto: depositphotos.com